설교의 정석

IVP(InterVarsity Press)는
캠퍼스와 세상 속의 하나님 나라 운동을 지향하는
IVF(InterVarsity Christian Fellowship)의 출판부로서
생각하는 그리스도인을 위한 문서 운동을 실천합니다.

The Elements of Preaching
Copyright ⓒ 1986 Warren Wiersbe
Korean Edition ⓒ 2012 by InterVarsity Press, Korea
with permission of Tyndale House Publishers, INC.
All rights reserved.

설교의 정석

워렌 위어스비 · 데이비드 위어스비

차례

머리말   7

1부. 설교의 기본 원리

1. 설교는 사람들의 필요를 채우기 위해 하나님의 진리를 소통하는 것이다   13
2. 설교자는 메시지다   15
3. 설교는 예배다   17
4. 효과적인 설교는 의도와 내용을 모두 담는다   19
5. 의도가 분명히 드러나야 한다   21
6. 좋은 구조를 지녀야 한다   25
7. 본문의 핵심에 근거해야지 번역본의 표현에 근거해서는 안 된다   28
8. 본문의 특징을 살리는 개요를 작성하라   30
9. 구체적으로 설교하라   31
10. 명백한 것, 설명이 불가능한 것은 설명하지 말라   34
11. 본문이 말하고 회중이 받아들일 수 있는 만큼만 설교하라   37
12. 시간을 지혜롭게 사용하라   39
13. 위대한 설교의 유혹을 뿌리치라   41
14. 표면 아래의 설교를 하라   43
15. 자신의 메시지를 전하라   45
16. 변화를 추구하고 균형을 유지하라   47

17. 설교 계획을 짜라 49

18. 시리즈 설교는 독립적이면서도 연관성 있게 하라 52

19. 각 사람을 향해 설교하라 54

20. 전인격을 겨냥하여 설교하라 55

21. 사랑으로 진리를 말하라 58

22. 설교에 대한 믿음을 가지라 59

23. 상상력을 동원하라 60

24. 긍정적인 메시지를 전하라 62

25. 현재 시제로 말하라 63

26. 자신의 설교에 만족하지 말라 65

2부. 설교의 금기 사항

1. 긴 서론으로 시간 낭비하기 69

2. 추측에 근거해 설교하기 73

3. 초라한 언어와 잘못된 문법 사용 74

4. 강대상 뒤에 숨기 76

5. 안다고 생각하는 모든 것을 설교하기 77

6. 부적절한 예화 사용 79

7. 어려운 말로 청중 제압하기 81

8. 전달 방식에 주의를 기울이지 않음 83

9. 모호하고 일반적인 결론 85

10. 성경 이곳저곳을 급히 뛰어다니기 88

11. 끊임없이 번역본 변경하기 89

12. 교인들의 비밀 공개하기　91

13. 유머의 남용　93

14. 자신에 관해 설교하기　96

맺는말. 잘 되어 가나요?　98

역자 후기　101

머리말

사전의 정의에 따르면, '기본 원리'는 "가장 단순한 원칙"을 의미한다. 우리는 이 정의를 염두에 두고 책을 써 내려갔다. 우리는 이 책에서 설교의 핵심을 간단명료하게 제시하려 한다.

이 책은 설교를 어떻게 준비할 것인가에 관한 책이 아니다. 그런 책은 이미 충분히 나와 있다. 특정한 설교 방법을 옹호하는 책도 아니다. 오히려 다른 책들이 가르치는 내용을 잘 활용하기 위해 설교자가 파악해야 할 기본 원리들을 명쾌하게 설명하는 것이 이 책의 목적이다.

요컨대, 우리는 이 책이 설교 분야의 「영어 글쓰기의 기본」(*The Elements of Style*, 인간희극)과 같은 책이 되기를 바란다. 이 책도 기본 원리를 강조한다.

우리는 설교에 관한 많은 책을 읽고 논의하면서 유익을 얻었다. 여러 설교자들의 이야기에 귀를 기울였고, 우리 스스로도 꽤 많은 설교를 했다. 워렌 위어스비는 신학교에서 설교학을 가르치기까지 했다!

그런 경험들을 통해, 우리는 책, 세미나, 강의, 그리고 '설교에 도움을 주는' 수많은 자료 때문에 오히려 설교가 복잡하고 부담스러운 과업처럼 여겨진다는 결론을 내렸다. 그러나 우리는 당신이 이런 확신을 가지게 되기를 바란다. '설교는 쉽지 않다. 그러나 설교의 원리들은 간단하다. 그 원리들을 적용할 때, 설교자는 큰 기쁨을 맛볼 것이다.'

우리는 필립스 브룩스(Phillips Brooks)가 예일 대학교에서 행한 강연중에 했던 말에 전적으로 동의한다. "제가 말하려는 내용이 얼마나 적고 간단한지, 제 자신이 놀랄 지경입니다. 이 단순한 원리들은 설교 사역에서 광범위하게 모습을 드러냅니다. 이 원리들은 그 수가 적지만, 적용 방법은 수없이 많습니다"[「설교론 특강」(*Lectures on Preaching*)].

우리는 이 훌륭한 주교의 다음과 같은 말에도 동의한다. "함께 기뻐합시다. 세상에는 사람이 할 수 있는 복되고 아름다운 일이 수없이 많습니다. 그런데 하나님은 그중에 가장 복되고 아름다운 일을 우리에게 맡기셨습니다. 바로 우리를 당신의 진리를 전하는 설교자로 세우신 것입니다."

   아멘, 아멘!

   설교는 복되도다!

워렌 위어스비,

데이비드 위어스비

1부 설교의 기본 원리

방법은 많지만,
원리는 많지 않다.
방법은 항상 변하지만,
원리는 결코 변하지 않는다.

_작자 미상

우리는 한때 나무 그릇에 황금 목회자를 가졌다.

하지만 지금은 황금 그릇에 나무 목회자를 갖고 있다.

존 트랩(John Trapp)

…

나는 두 번 다시 설교할 기회가 없는 사람처럼 설교했다. 그리고 죽어가는 사람들을 향해 나 자신이 죽어가는 사람인 것처럼 설교했다.

새뮤얼 러더포드(Samuel Rutherford)

…

당신은 말씀의 설교자다. 당신의 일에만 집중하라!

옛 청교도

…

형제들이여, 설교를 준비할 때, 하찮은 일은 무엇이든지 피하십시오.

찰스 해돈 스펄전(Charles Haddon Spurgeon)

1. 설교는 사람들의 필요를 채우기 위해 하나님의 진리를 소통하는 것이다

이 정의를 받아들인다면, 다음과 같이 단언하는 것이다.

> 하나님의 진리라는 것이 존재한다.
> 우리는 이 진리를 알 수 있고, 경험할 수 있으며, 다른 사람과 나눌 수 있다.
> 사람들은 이 진리를 받아들일 수 있고, 적용할 수 있으며, 그로 인해 변화될 수 있다.

다음과 같은 중대한 의무들도 받아들이는 것이다.

> 설교자는 하나님의 진리를 알아야 한다.

그 진리를 인격적으로 경험해야 한다.

그 진리를 우리가 섬기는 사람들의 필요에 더 잘 적용할 수 있도록, 그들을 알아야 한다.

그 진리를 다른 사람에게 가장 잘 소통할 수 있는 방법을 부지런히 배워야 한다.

진리에 대한 사랑과 지식이 성장해야 한다. 이를 통해 사역은 더 깊어지고 효과적이 된다.

2. 설교자는 메시지다

필립스 브룩스는 설교를 "인격을 통한 진리의 전달"이라고 정의했다(「설교론 특강」). 설교자는 전달자일 뿐만 아니라 증인이다. 그는 삶을 통해 하나님의 진리의 능력을 인격적으로 경험했기 때문에, 그 진리를 다른 사람들과 나눌 수 있다.

그리스도의 성육신은 하나님이 사람의 인격을 통해 진리를 전달하신다는 증거다. "말씀이 육신이 되어 우리 가운데 거하시매"(요 1:14). 설교자가 성장하는 만큼, 메시지도 교회도 성장한다. 말씀의 권위로 설교를 뒷받침하는 것만으로는 부족하며, 설교자는 자신의 삶을 통해 그 말씀의 권위 아래 사는 삶의 능력을 입증해야 한다.

이것이 설교자가 고통스러운 이유다. 즉, 하나님은 자신의 백성들을 격려하시기 위해, 설교자에게 먼저 신앙의 새로운 교훈을 가르치신다. 이는 설교자가 주님과의 인격적 동행을 함양해야 하는 이유이기도 하다. 설교단에는 빌려온 축복을 위한 공간이 없다. 설교단에서 흘러넘치는 축복이 새롭고 흥분을 불러일으키려면, 그 축복이 설교자와 하나님의 교제 가운데서 나오는 것이어야 한다.

다시 말해서, 설교 준비뿐 아니라 자신에 대한 준비가 필요하다. 이 둘은 늘 함께하는 것이다. 육체적, 정신적, 감성적, 영적인 면에서, 설교자는 생명의 메시지를 담고 나누는 준비된 그릇이 되어야 한다. 하나님이 하나 되게 하신 것을 설교자가 나누어서는 안 된다.

3. 설교는 예배다

예배가 되지 못하면, 설교는 하나님이 아닌 설교 자체나 설교자에게 주의를 돌리게 할 것이다. 설교가 예배 행위가 되지 못하면, 회중은 하나님이 아니라 설교자를 예배할지도 모른다.

설교에 높은 가치를 부여하는 만큼 설교자는 자신의 설교에서 그만큼 높은 경지에 이를 것이다. 바울은 자신의 사역을 제단에서 제사장이 하는 사역과 같은 것으로 여겼다. "나로 이방인을 위하여 그리스도 예수의 일꾼이 되어 하나님의 복음의 제사장 직분을 하게 하사 이방인을 제물로 드리는 것이 성령 안에서 거룩하게 되어 받으실 만하게 하려 하심이라"(롬 15:16).

설교가 예배 행위라면, 설교자는 설교를 통해 하나님께 자신의 최고의 것을 드리고 싶어 할 것이다. 또 자신을 영화롭게 하거나 사람들에게 자신의 학식이나 똑똑함을 과시하려 하지 않고, 하나님께 영광을 돌리려 할 것이다. 더욱이, 그런 설교는 예배의 전체 흐름에 부합하기 때문에, 예배의 모든 순서가 주님만을 가리킬 것이다.

필립스 브룩스는 이렇게 말했다. "설교 하나만 고려한다면 결코 제대로 된 설교를 할 수 없을 것입니다. 설교는, 기도와 찬양과 함께 온전한 예배의 일부가 되어야 합니다"(「설교론 특강」).

4. 효과적인 설교는
의도와 내용을 모두 담는다

설교의 목적은 단지 어떤 주제를 논하는 것이 아니라 목표를 이루는 것이다. 참된 설교는 설명뿐 아니라 적용도 포함한다. 설교자는 생각을 전하는 데 만족해서는 안 되며, 회중의 마음을 움직이고 동기를 부여해서 회중으로 하여금 하나님의 진리를 개인적으로 적용하게 해야 한다.

청사진이 건물이 아니고 조리법이 음식이 아니듯이, 단순한 개요는 메시지가 아니다. 병든 사람에게 필요한 것은 건강에 관한 강연이 아니라 약이다.

설교의 목표는 다음과 같은 요소에 좌우된다.

본문의 메시지

회중의 구체적 필요

목회자의 마음속에 있는 특별한 부담들

목회자가 묵상하고 기도할 때 느껴지는 성령의 인도하심

목회적 의도와 성경의 내용이 분리되어서는 안 된다. 캠벨 모르건(G. Campbell Morgan)은 자신이 들은 메시지에 관해 다음과 같은 글을 일기장에 남겼다. "본문은 주제와 전혀 상관없고, 내용도 전혀 동의할 수 없는 치명적인 설교를 들었다." 모르건 당시에도, 본문을 문맥에서 떼어 내는 것이 설교를 망치는 주범이었다!

5. 의도가 분명히 드러나야 한다

비행기 조종사가 어느 공항으로 가야할지 모를 때는 어떤 바람도 순풍이 아니다. 마찬가지로, 설교자가 메시지를 통해 무엇을 이루어야 할지 모를 때는 어떻게 해도 좋은 설교가 될 수 없다. 메시지의 구체적인 목표를 가지고, 회중에게 그 목표가 무엇인지 말해야 한다.

존 왓슨(John Watson)은, "설교는 백과사전이어서는 안 되며, 온갖 것을 취급하는 만물상이어서도 안 된다"(*The Cure of Souls*)라고 말했다.

심혈을 기울여 설교를 준비했다면, 설교자는 자신의 메시지가 무엇에 관한 것이며 자신이 무엇을 이루고자 하는지를 한 문장으로 정확히 진술할 수 있어야 한다. 존 헨리 조웨트(John Henry

Jowett)는 이렇게 말했다. "설교의 주제를 짧고 의미심장한 하나의 문장으로 표현할 수 없다면, 준비가 안 된 것이다."(*The Preacher: His Life and Work*)

설교학 교수들은 이 문장을 설교의 요지, 주제 문장, '안'(案, big idea) 등 다양한 용어로 부른다. 이 문장과 설교의 관계는 등뼈와 골격의 관계와 같다. 또한 토대와 건물의 관계와도 같아서, 이 문장은 설교의 내용을 잘 연결한 최종 결과물이 어떠할지를 결정한다.

설교의 주제를 진술하는 문장은 다음과 같은 특징을 갖는다.

설교할 가치가 있는 성경적이고 영원한 진리를 담고 있어야 한다.
회중의 필요에 중요하고 적절한 내용이어야 한다.
추상적 언어나 문학적 장식으로 인해 복잡하지 않아야 하며, 명확하고 분명해야 한다.
정확하고 정직해야 하며, 설교자가 자신의 능력 이상을 약속해서는 안 된다. 빌딩을 올릴 만한 토대를 놓은 뒤에 닭장을 지어서는 안 된다.
청중이 설교가 어떻게 전개될지 궁금해 할 정도로 흥미진진해야 한다.
일반적으로 현재형으로 진술되어서, 하나님이 수 세기 전에 모세에게 말씀하신 것이 아니라 오늘 우리에게 말씀하시는 것이어야 한다. "예수님이 좌절한 베드로를 도우셨다"도 가능하지만, "인생에 폭풍속에서 주님이 우리와 함께하시며 우리를 도우신다"라고 말하는 편이 더 나을 것이다.

추가적인 예들이 있다.

천국에 들어갈 믿음이 있다면, 그 믿음은 지금 우리의 삶을 변화시켜야 한다.

흔히 기도를 통해 "축복"을 얻겠다고 생각하지만, 기도가 위험한 거래는 아닐까?

"전능하신 주 하나님이 다스리신다!" 이 확신을 연구하고 살펴보면 다음과 같은 세 가지 결과를 얻게 될 것이다.
_제임스 스튜어트(James Stewart)

십자가의 용서와 치료의 메시지는 당신의 죄를 기억하는 습관에 어떤 영향을 끼치는가?
_윌리엄 클로우(William M. Clow)

"여러분은 그리스도를 어떻게 생각하십니까?" 함께 그리스도를 아는 사람들을 찾아가 그들에게 물어봅시다.
_D. L. 무디(Moody)

"우리 주 예수 그리스도의 이름으로"라는 말로 기도를 마치려면 우리의 기도는 어떠해야 할까?
_랠프 소크맨(Ralph W. Sockman)

사람들이 교회에 가는 네 가지 이유는 바로 이런 것들이다.
_레슬리 웨더헤드(Leslie D. Weatherhead)

하나님의 마음에 가까이 다가갔을 때, 하박국은 악인에 대한 경고와 의인을 위한 격려에 관하여 새로운 통찰을 얻는다.
_찰스 콜러(Charles W. Koller)

그러므로 중대한 사안은 이것이다. 어떻게 믿음이 의심을 극복하는가?
_해리 에머슨 포스딕(Harry Emerson Fosdick)

6. 좋은 구조를 지녀야 한다

하나님은 혼돈의 창조자가 아니시지만 몇몇 설교자는 혼돈을 야기하며, 하나님의 이름으로 그런 일을 한다. 회중이 설교의 대지나 소대지를 파악하느냐의 여부는 중요하지 않다. 그러나 설교자는 자신이 어디를 향하는지 그리고 어떻게 그곳에 도달하는지 알아야 한다. 일단 주제가 선포되면, 흥미롭고 실제적인 방식으로 내용이 **전개되어야** 한다. 대부분의 설교 개요는 다음과 같이 이루어진다.

서론
목적의 진술(명제, 계획)
두 개 이상의 대지(전개)
결론

미술가가 해부학을 배우면 인간에 관한 그림이 더 실제적이 될 것이다. 골격과 몸의 관계는 개요와 설교의 관계와 같다. 눈에 보이게 드러나지는 않지만, 개요는 꼭 필요하다.

설교의 구조는 기본적으로 본문이 내용을 전개하는 방식에 좌우된다. 먼저 설교 개요를 전개한 다음 거기에 본문을 끼워 맞추는 것은 용서받을 수 없는 죄악이다.

또한, 설교의 구조는 목적을 어떻게 진술하는가에 좌우된다. 앞서 제시한 예를 보면(pp. 23-24를 보라), 목적 진술이 어떤 효과를 나타내는지 알게 될 것이다. 제임스 스튜어트의 설교에는 세 개의 대지가 있고, 각 대지에는 **결과가** 따를 것이다. 무디의 설교에는 예수님을 아는 많은 **인물을** 소개하는 대지가 따를 것이다. 웨더헤드의 설교에는 네 개의 대지가 있고, 각 대지가 교회에 참석해야 하는 이유가 될 것이다.

끝으로, 설교를 구성할 때는 목회자의 전반적인 '설교 패턴'이 고려되어야 한다. 다양성은 늘 필요하다. 순회 설교자는 회중이 바뀌기 때문에 똑같은 접근방식을 사용할 수 있다. 그러나 담임 목회자는 매주 동일한 회중을 향해 설교해야 하기 때문에 접근방식을 바꾸어 나가야 한다. "이유", "결실", "교훈" 등의 표현을 매주 똑같이 사용한다면, 예측이 가능하기 때문에 메시지의 힘을 상실하게 된다.

모든 설교자는 자신만의 독특한 스타일을 활용해야 한다. 초보 설교자라면, 자신만의 독특한 접근방식을 발견하고 개발할 때까지는 훈련받은 대로 설교학적인 규칙들을 적용하는 것이 좋다. 그러나 그러한 규칙이 설교를 약화시킨다면, 그때는 그 규칙을 벗어날 수 있다.

설교의 구조는 주인이 아니라 종이어야 한다. 설교자는 건축가가 형식이냐 기능이냐의 문제로 고민하는 것과 똑같은 긴장감 속에서 살아야 한다. "참으로 기가 막힌 설교 개요다!"라는 감탄은 설교자가 받을 수 있는 최고의 찬사가 아니다. 그보다 우리는 다음과 같은 말을 들어야 한다. "당신은 오늘 우리에게 주님을 보여 주셨습니다. 그래서 우리의 필요가 충족되었습니다."

7. 본문의 핵심에 근거해야지
   번역본의 표현에 근거해서는 안 된다

흠정역(KJV)에 나오는 바울의 세 가지 "준비되었다"(ready)라는 진술[행 21:12, "죽을 것도 각오하였노라"(ready to die); 롬 1:15, "복음 전하기를 원하노라"(ready to preach); 딤후 4:6, "내가 벌써 부어지고"(ready to be offered)]을 가지고 말씀을 전하는 설교자들은 설교를 뒤죽박죽으로 만든다. 첫 번째 본문에서는 이 단어의 헬라어가 "준비되었다"(prepared)라는 의미인 반면에, 두 번째 본문에서는 "열망하다"(eager)라는 의미다. 바울은 죽기를 열망한 것이 아니라, 말씀 전하기를 열망했다! 디모데후서 4:6에서는 "준비되다"라는 의미가 전혀 나타나지 않는다. "내가 벌써 부어지고"라는 말이 본래의 의미다. 이는 창의적인 개요가 제대로 된 주석으로 인해 못쓰게 된 경우다.

두운법에 매료된 설교자들은 본문에서 똑같은 글자로 시작하는 단어를 찾아, 어떻게 해서든 그것들을 하나의 개요로 묶으려 한다. 때로 이러한 접근이 성공하기도 하지만[예를 들어, KJV 딤전 6:11, 12의 flee(피하고), follow(따르며), fight(싸우라)의 경우], 대개 잘못된 주석에 근거해서 억지스러운 개요를 만든다.

번역의 속박에서 벗어나는 데 원어에 대한 지식을 대신할 만한 것은 없다. 요즘은 훌륭한 기초 자료들이 많아서 히브리어와 헬라어 지식이 거의 없는 사람도 필요한 전문적 도움을 얻을 수 있다.

말씀을 신중하게 연구하는 사람은 자신이 위험한 곁길로 가지 않고 바른 길로 나아간다는 확신을 얻기 위해, 언제나 원어 성경 외에도 신뢰할 만한 번역본을 여러 개 참고한다.

설교 개요의 타당성을 검증하는 한 가지 방법은 다음과 같다. 신뢰할 만한 다른 번역본을 가지고도 설교할 수 있는가? 만약 당신이 준비한 개요가 한 가지 번역본에 국한된다면, 핵심에 근거하지 않고 임의적인 것에 근거해서 작성되었을 가능성이 있다. 이 법칙에 한 가지 예외가 있다면, 어떤 번역본이 한 문구나 구절을 독특하게 번역하였고, 설교자가 그것을 청중에게 설명해 줄 수 있는 경우다. 번역본이 아무리 독특한 특징을 갖고 있을지라도 그 번역은 정확한 것이어야 한다.

8. 본문의 특징을 살리는 개요를 작성하라

많은 시편이 시련, 신뢰, 성공이라는 세 가지 사항을 지닌 개요로 서술될 수 있다. 그리고 많은 기적 본문은 역경, 믿음, 승리라는 유형을 따른다. 바울의 여러 가지 권고에서는 교리, 의무, 그리고 그 결과로 나타나는 축복 등의 반복적인 유형을 발견할 수 있다. 그러나 이러한 사항들은 그 본문이나 사건의 성격을 **기술할** 뿐, 본문을 해석하거나 적용하지는 않는다. 이러한 접근방식은, 본문을 분석하는 데는 도움이 되지만 설교하는 데는 도움이 되지 않는다.

 대부분의 본문은 배경, 말씀, 의미, 삶이라는 네 가지 사항을 '개요'로 삼아 설교할 수 있을 것이다. 이 네 가지 사항은 본문을 분석하고 그 특징을 찾는 데 도움을 줄 수 있다. 그러나 메시지를 담은 개요로서는 부족하다.

9. 구체적으로 설교하라

선동가들은 모호한 내용을 화려하게 말하지만, 복음을 설교하는 사람은 구체적으로 말해야 한다. 명확함에 능력과 권위가 따른다.

설교의 명제는 구체적이어야 한다. "이 본문에는 더 나은 그리스도인이 되도록 돕는 여러 가지 것들이 담겨 있습니다"라는 식의 진술은 설교자라면 피해야 한다. 사실 "것들"이라는 말은, 그 의미가 모호하기 때문에, 주의 깊게 사용해야 한다. 어떤 종류의 "것들"을 의미하는 것인가? 경고들? 장애물들? 격려들? 그렇다면 구체적으로 그렇게 말하는 것이 낫지 않겠는가!

"진리", "교훈", "생각"도 주의 깊게 사용해야 한다. 신중한 설교자라면 사전, 특히 동의어 사전을 사용할 것이며, 막연한 단어와 정확한 단어의 차이가 번갯불(lightning)과 반딧불이(lightning bug)의 차이와 같다는 마크 트웨인(Mark Twain)의 격언을 기억할 것이다. 체스터톤(Chesterton)도 매우 비슷한 말을 한 적이 있다. "자신이 말하지 않은 것이 무엇인지 알 때에야 비로소 자신이 무슨 말을 하고 있는지 아는 것이다."

예를 들어, 직접적 결과(results)와 필연적 결과(consequences), 곤경(difficulties)과 진퇴양난(dilemmas), 통일(unity)과 균일성(uniformity), 형벌(punishment)과 연단(discipline) 등의 말 사이에는 차이가 있다. 말씀을 효과적으로 전하는 사역자는 장인이 연장을 다루듯 적절한 말을 사용한다. "전도자는 힘써 아름다운 말들을 구하였나니 진리의 말씀들을 정직하게 기록하였느니라"(전 12:10).

또한 이름, 날짜, 통계 등을 다룰 때도 구체적이어야 한다. 조사를 해서 정확한 수치를 확인하라. "몇 년 전"보다는 정확한 날짜가 훨씬 힘이 있고, "수백 명이 죽었다"라는 말보다는 정확한 숫자가 훨씬 의미 있다.

성경을 참고하거나 인용할 때도 구체적으로 하라. 그리고 설교 개요를 완성하기 전에 **모든 관련 성구를** 반드시 확인하라. 심지어 성구사전에도 인쇄상의 오류가 있는데, 종종 설교집들이 그 실수를 영구적인 것으로 만들어 버리곤 한다.

분명한 설교는 분명한 사고에서 출발한다. 본문, 목적, 메시지의 전개에 관해 충분히 생각하라. 불분명한 생각을 피하고 정확성을 추구하라.

10. 명백한 것, 설명이 불가능한 것은 설명하지 말라

사람들은 명백한 것을 장황하게 설명할 때 지루해하고, 설명할 수 없는 것을 설명하려 들면 짜증을 낸다. 기독교 신앙에는 신비의 차원이 존재하고, 삶이나 성경의 모든 것을 설명하는 것은 불가능하다. 하나님은 스스로 모순되지 않으시지만, 그분의 길은 우리 길보다 높으며 우리가 그분의 생각을 항상 가늠할 수 있는 것도 아니다. 성경 본문을 속속들이 설명할 수 없을 때는 암시적으로 설교할 줄 아는 사람이 현명한 설교자다.

동시에, 청중이 영적인 것에 관해 많이 안다고 가정해서는 안 된다. 영적인 문맹자가 많다. 본문에서 필요하다고 생각할 때는, 역사적 배경을 간단하고 신속하게 제시하라. 그렇게 함으로써, 메시지를 흐트러뜨리지 않고도, 배운 사람들은 생각나게 하고 배우지 못한 사람들에게는 배울 기회를 줄 수 있다.

우리는 모든 사람이 이미 알고 있는 것을 설명하거나 예시함으로써 명백한 것을 장황하게 설명한다. 어떤 설교자가 "항상 정직하십시오!"라고 말한 것을 들은 적이 있다. "여러분의 부모님께 정직하십시오. 그분들이 여러분을 이 세상에 나오게 했습니다. 여러분의 형제자매에게 정직하십시오. 여러분은 그들과 함께 살아야 합니다. 여러분의 친구에게 정직하십시오. 여러분의 동료와 이웃에게 정직하십시오. 삶의 모든 영역에서 정직하십시오. 집에서나 학교에서나, 교회에서나, 직장에서나, 거주지에서나 그 어디서든지." 우리는 이 설교자가 다음 할 말을 잊어버려서 지루하게 빙빙 돌며 빠져나갈 길을 찾고 있다는 인상을 받았다.

또 어떤 목회자는 야고보서 3:8("혀는 능히 길들일 사람이 없나니")을 예시하면서 다음과 같이 말했다. "소년 시절에 서커스 장에 가서 길들여진 동물들을 탄복하며 바라보던 기억이 납니다. 길들여진 호랑이들과 사자들이 있었습니다. 호랑이들과 사자들은 발판 위로 뛰어오르고, 화염 고리를 통과하면서 총과 의자를 들고 있는 남자에게 복종했습니다. 그곳에는 길들인 코끼리들도 있었습니다. 이 거대한 짐승들이 앞 코끼리의 꼬리를 붙잡고 차례로 걸어가곤 했습니다. 그들은 잘 길들여졌습니다! 그리고 어릿광대가 길들인 개들을 데리고 들어왔는데, 흰털이 복슬복슬한 개들이 뒷발로 걷고, 줄타기를 하고, 심지어 춤도 추었습니다. 그들은 잘 길들여졌습니다!"

문제는 그가 회중을 너무 길들여서 그들이 더 이상 귀를 기울이지 않았다는 것이다. 반복은 자칫 불필요한 중복이 된다.

호머는 「오디세이」(*Odyssey*)에서 "들었던 이야기를 또 듣는 것처럼 진저리나는 것이 있겠는가?"라고 질문했다. 물론 다시 듣는 이야기라도 말하는 사람이 매번 새롭게 들리도록 말할 수만 있다면 듣는 사람들은 개의치 않을 것이다.

11. 본문이 말하고
   회중이 받아들일 수 있는 만큼만 설교하라

성도들도 사람인지라 한 번에 어느 정도의 진리만을 소화할 수 있다. 회중의 규모가 클수록 영적 성장의 욕구나 수준은 다양하다. 메시지를 준비할 때는 회중 가운데 "대표 그룹"―혼란기의 청소년, 젊은 부부, 외로운 과부, 실직한 가장―을 마음속에 그려 보고, 개별적으로 그들에게 전하는 것처럼 준비하라.

필요한 진리는 각각의 본문에 충분히 담겨 있다. 보충할 아이디어를 찾기 위해 성경을 모조리 뒤질 필요는 없다. 하지만 그렇게까지 해야 할 필요가 느껴진다면, 아마도 본문이 너무 짧은 경우일 것이므로 본문을 길게 잡아야 한다.

좋은 설교자들은 휴지통을 잘 활용한다. 그들은 자신이 골라낸 모든 아이디어가 메시지에 잘 들어맞을 수 없다는 것을 알기 때문에, 설교가 거대한 괴물처럼 되지 않도록 다듬는다. 주제 문장이 분명하고 정확하다면, 당신은 어떤 개념을 사용하고 어떤 개념을 제쳐 두어야 할지 알 것이다.

청중이 미로 같은 설교 내용 가운데서 길을 잃어 아무런 성과도 거두지 못하는 것보다는, 그들이 한두 가지 충실한 진리를 붙잡아서 잘 활용하도록 하는 편이 낫다.

이런 준비를 다 마치면, 설교자는 성공한 작가나 편집자들이 하는 일을 해야 한다. 설교 내용을 살펴보고 스스로에게 이런 질문을 던져야 한다. "그래서 어쨌단 말인가?" 이 설교가 전달되면 누군가의 삶에 어떤 변화를 가져올 수 있을까? 만약 분명한 답을 할 수 없다면, 처음부터 다시 시작하라. 당신은 뭔가를 말해야 하기 때문에 의무적으로 설교하는가, 아니면 할 말이 있기 때문에 기꺼이 설교하는가?

12. 시간을 지혜롭게 사용하라

목회 계획을 세울 때, 누구나 강단에서 말씀을 전하는 일에 우선권을 부여하려 하지만, 항상 생각대로 되는 것은 아니다. 예배가 늦게 시작될 수도 있고, 설교 전의 순서가 길어질 수도 있고, 광고가 걷잡을 수 없이 늘어날 수도 있다.

또한, 당신은 진행 순서를 전혀 통제할 수 없는 초청 강사일 수도 있다. 어떤 이유로든, 설교 시간은 제한된다. 그럴 때는 어떻게 해야 하는가?

설교 시간에 대해 불평하지 말라. 그저 좋은 메시지를 전하라. 그러면 당신이 충분히 설교 시간을 갖지 못한 것에 대한 불평을 회중이 할 것이다.

시간이 있었다면 더 다루고 싶은 내용들에 관해 말하지 말라.

더 많은 시간을 낭비할 뿐이다!

줄어든 시간에 대한 아쉬움이나 불만을 드러내지 말고 바로 메시지로 들어가라. 그러나 설교할 때는 메시지에서 우선순위가 낮은 내용은 과감히 버리고 중요한 내용에만 초점을 맞추라. 메시지가 잘 준비되었다면 이것이 가능할 테고, 아무도 그 차이를 모를 것이다.

설교가 영원히 계속되어야 오래 남는 것은 아니다. 말씀을 전할 수 있는 기회가 있다는 사실에 감사하라. 그리고 기억하라. 산상설교는 전체를 읽는 데 10분도 걸리지 않는다는 사실을!

13. 위대한 설교의 유혹을 뿌리치라

설교의 목적이 인간의 필요를 채우는 것이라면, 강단을 이용해서 자신의 설교 기술이나 웅변술을 과시하는 자는 뻔뻔한 도둑에 불과하다. 세례 요한처럼, 설교자는 쇠하여야 하고 주님이 흥하셔야 한다(요 3:30). 예수님은 말씀이시며, 설교자는 소리에 불과하다.

설교가 아주 단순해서, 사람들이 "저런 설교는 나도 할 수 있겠다"라고 말할 정도가 되어야 한다. 참다운 예술은 기교를 드러내지 않는다.

그런 점에서 조지 모리슨(George H. Morrison)의 말이 옳다. "자신의 설교를 구원하기 위해 설교하지 말고, 영혼을 구원하기 위해 설교하십시오." '위대한 설교'를 하기 위해 애쓰지 말고, 위대한 주님을 드러내기 위해 애쓰라. 더 열심히 준비하고 더 높은 목표를 갖되, '위대한 설교'에 대한 부담으로부터 자신을 구원하라. 하나님이 측량하시는 기준은 항상 우리의 기준과 다르다.

신학 용어를 사용하려면, 명확히 설명하라. 전문 용어보다는 쉬운 말이 낫고, 추상적인 말보다는 구체적인 말이 더 와 닿는다. 깊이는 복잡함에서 나오는 것이 아니라 단순함에서 나온다.

14. 표면 아래의 설교를 하라

먼저, 본문의 표면 아래에 담긴 내용을 설교하라. 이해를 돕기 위해 본문의 단어들을 다른 말로 표현하는 것이 말씀에 담긴 진리를 설교하는 것은 아니다. 스펄전은 "본문에 푹 젖어들었다"라고 말하곤 했는데, 우리도 그렇게 되어야 한다. 다음과 같은 질문을 스스로에게 던져 보라.

본문이 무엇을 말하는가?(사실, 정보)
본문이 무엇을 의미하는가?(진리, 해석)
본문이 **내게** 무엇을 의미하는가?(깨달음과 적용)
어떻게 이것을 다른 사람에게 의미 있게 할 수 있는가?(상상력, 구성)

청중의 표면 아래에 닿을 수 있도록 설교하라. 성령께서 사람들의 마음에 말씀을 적용하셔서 그들이 각자 여러 가지 방식으로 반응하기 전에는 결코 만족하지 마라. 그들의 반응이 부정적일 수도 있다! 회당에서 바울의 메시지를 듣고, 어떤 사람들은 개종한 반면에, 어떤 사람들은 조롱하거나 원수가 되었다.

마지막으로, **자신의** 표면 아래로부터 설교하고, 자신의 깊은 곳에서 메시지를 경험하라. 목수가 여기저기서 조각들을 모으고 못으로 조립하여 탁자를 만들어 내는 것처럼 '설교를 만들어 내지' 말라. 메시지는 **살아 있는** 실체가 되어야 한다. 그것은 설교자의 영혼이라는 토양으로부터 자라나야 하며, 그 뿌리는 설교자의 경험과 하나님의 말씀에 대한 연구로부터 기인해야 한다. 다른 사람이 만들어 낸 잡동사니로부터 긁어모은 설교는 길러낸 것이 아니라 다 제작된 것처럼 들린다. 그런 설교는 생명력 있는 메시지가 아니라 입술로 전하는 에세이 같아서, 경건한 인격을 통해 전달되는 진리가 될 수 없다.

"유감스럽게도, 교회는 종종 설교자들이 자신의 깊은 곳이 아니라 얕은 곳으로부터 설교하는 장소가 되고 만다"[프레드릭 뷰크너(Frederick Buechner), *A Room Called Remember*].

15. 자신의 메시지를 전하라

이 말은 하나님이 주신 메시지, 즉 그분이 당신으로 하여금 표현하길 원하시는 방식으로 표현된 메시지를 의미한다.

표절은 최악의 절도이자 최고의 찬사라는 정의가 있다. 잉게(Inge) 학장은 독창성을 가리켜 "드러나지 않은 표절"이라고 했다. 성실한 설교자는 많은 소의 젖을 짜더라도 자신만의 버터를 만들어 낸다. 그런 점에서 마크 트웨인의 말이 맞다. "훌륭한 말을 해 놓고 이전에 아무도 그런 말을 하지 않았다고 여길 수 있었던 유일한 인물은 아담이다."

연구를 통해 깨달은 모든 진리나 사고에 대한 전거(典據)를 설교에서 제시할 필요는 없다. 그러나 만약 다른 사람의 설교 개요를 이용할 때는, 그 사람의 공로를 인정해 주어야 한다. 특별히 멋진 표현을 인용할 때는, 그 전거를 제시해야 한다. 정직해야 하기 때문이다. 게다가 당신의 회중 가운데 누군가가 같은 책을 가지고 있을지도 모르는 일이다!

어떤 사람의 물건을 훔치는 것이 나쁜 일이라면, 그 사람의 접근방식이나 스타일을 도용하는 것도 나쁜 일이다. "스타일은 바로 그 사람을 의미한다"라는 로버트 프로스트(Robert Frost)의 말은 옳다. 당신이 될 수 있는 **최고의** 자신이 되라. 그리고 성령께서 메시지에 당신의 삶을 깊이 각인시키시도록 하라. 다른 사람의 메시지에 은혜를 받았다면, 그것이 당신의 생각과 마음에 배어들게 하라. 그러면 그것을 당신의 것으로 만들 수 있고, 사람들에게 적용할 수 있다. 우연한 것이 아니라 본질적인 것을 붙들라.

자신에게 진실한 사람이 되라. 그것이 최고의 독창성이다.

16. 변화를 추구하고 균형을 유지하라

늘 똑같으면 듣는 이는 맥이 빠진다. 예측 가능한 설교는 힘 있는 설교가 될 수 없다.

주제에 변화를 주고, 늘 같은 결론만 반복하지 않도록 노력하라. 성경 각 권을 차례로 강해설교를 해 나가면, 대체로 하나님의 백성들에게 균형잡힌 양식을 제공하게 된다. 주제 문장들에 변화를 주라. 그 문장들은 다음 형태 중 한 가지를 취할 것이다.

평서형: "성령께서 신자를 도우신다."
명령형: "모든 신자는 성령으로 충만해야 한다."
의문형: "어떻게 성령으로 충만해질 수 있는가?"
권고형: "끊임없이 기도하라!"

감탄형: "천국의 기쁨을 생각해 보라!"

정의형: "믿음은 책략이 없는 삶을 의미한다."

메시지 전개 방식에 변화를 주라. 설교 개요가 본문에 충실하다면, 설교 전개도 본문의 형태를 따를 것이다. 모든 설교가 논증의 형식을 띠어야 하는 것은 아니다. 어떤 구절이 하나의 논증이라면, 설교도 그와 같은 형태를 취하게 될 것이다(상상력이 풍부한 설교자라면 다른 방식으로 다룰 수도 있지만). 누가복음 1장에 나오는 마리아의 "송가"는 사도행전 22장에 나오는 바울의 변증과 문학 장르가 다르다. 잘 준비된 설교라면 본문의 성격을 반영할 것이다.

설교의 목적에 변화를 주라. 물론, 모든 설교에 해당하는 **일반적인 목적들**— 잃어버린 자들을 구원함, 구원받은 자들을 격려함, 타락한 자들을 교화함— 이 있을 것이다. 그러나 **구체적인** 목적은 매주 달라져야 하며, 설교자가 충실하게 본문을 강해한다면 그렇게 될 것이다. 본문에 자기 선입견이 담긴 개요를 부과하는 설교자는 목회의 균형과 다양성을 결여하게 된다. 본문이 말하도록 하는 설교자는 성령께서 성경에 기록해 놓으신 다양성이 얼마나 풍부한지 깨닫고 놀랄 것이다.

17. 설교 계획을 짜라

스펄전은 주일 아침 설교를 토요일 저녁에, 주일 저녁 설교는 주일 오후에 준비할 수 있었다. 그러나 스펄전과 같은 사람은 그다지 많지 않다. 우리가 매주 어떤 본문을 설교할지 미리 안다면, 대부분 연구 시간을 더 잘 활용할 수 있다. 만약 하나님의 영이 "개입하셔서" 당신에게 계획에 없던 메시지를 주시고자 한다면, 그분은 자유롭게 그리 하실 것이요 당신도 손해될 것은 없다.

각각의 설교가 본문으로부터 기인해야 하듯이, 시리즈 설교도 교회와 목회사역의 정황으로부터 기인해야 한다. 영적인 삶과 성경 지식이 성장하면서 주님과 성도들과 소통한다면, 당신이 계획을 세울 때 하나님이 인도하실 것이다. 또한 당신은 영적인 스승들로부터 조언을 구할 수도 있다. 그럴듯해 보일 뿐 알맹이가 없는 인위적인 시리즈 설교는 삼가라. 회중에게 말씀의 실속 있는 양식으로 영적인 자양분을 공급할 수 있도록 계획하라.

당신의 설교 달력은 아마 다음과 같은 시기들로 구분될 수 있을 것이다.

노동절*에서 추수감사절까지
대림절 기간
새해 첫날에서 성회 수요일까지
사순절
부활절에서 오순절까지
여름휴가철

설교를 계획할 때 반드시 교회력을 따를 필요는 없다. 이것은 단지 시리즈 설교에 사용될 수 있는 '시간 단위들'을 제시한 것이다. 앤드류 블랙우드(Andrew Blackwood)는 절기마다 상이한 강조점을 지닌다고 말했다.

---

*미국과 캐나다의 근로자의 날로, 9월 첫째 월요일이자 공휴일이다-편집자주.

9월부터 성탄절까지-다지기

1월부터 부활절까지-초청하기

부활절부터 오순절까지-가르치기

오순절 이후 주간-격려하기

물론 이것은 대략적인 구분이다. 왜냐하면 이 네 가지 목회사역 요소들은 거의 모든 설교에 나타날 수 있기 때문이다.

시리즈 설교는 충분히 계획한 다음에 공표하고 진행하라. 이 말은 모든 메시지가 완결되어 있어야 한다는 뜻이 아니라, 미리 생각하고, 자료를 찾으면서 기도하고, 메시지의 개요를 그려 보고, 그 접근방식에 대한 확신을 가지라는 뜻이다. 적지 않은 설교자들이 시리즈 설교 중간에 헤매다가 '용케 빠져나가야' 했거나 그대로 중단했던 적이 있을 것이다. 탑을 건축하는 사람이나 전쟁터에 나가는 왕처럼, 시리즈 설교를 시작하기 전에 재원을 미리 갖춰 두는 것이 좋다.

18. 시리즈 설교는
   독립적이면서도 연관성 있게 하라

단 하나뿐인 설교처럼 각각의 메시지를 준비하는 동시에 그 메시지가 시리즈의 일부라는 사실을 기억하라. 이전의 메시지들을 듣지 못한 방문자들이나, 듣기는 했으나 무엇을 들었는지 잊어버렸을 교인들을 고려하라. 회중이 들은 것을 모두 기억하리라고 생각하지 말라. 그러나 동시에, 그것을 되새기고 상기시키는 데 너무 많은 시간을 허비하지도 말라.

"지난주에 살펴봤던 내용을 기억하실 겁니다"라는 말로 설교를 시작하는 설교자는 대부분의 회중으로 하여금 흥미를 잃게 한다. 방문자들은 지난주 설교를 듣지 못했을 것이고, 교인들은 대부분 내용을 잊어버렸기 때문이다. 각각의 메시지를 신선한 도입부로 시작하라. 일단 사람들의 관심을 끌면, 메시지를 시리즈 설교의 다른 메시지와 연관시킬 수 있다. 하지만 그럴지라도 너무 많은 것을 요구하지 않도록 주의하라.

이전 메시지의 개념들을 자유롭게 사용하되, 일일이 각주를 달아줄 필요는 없다. 하지만 대부분의 사람에게 이전 것을 생각나게 해줄 필요가 있으며, 그들은 그렇게 해줄 때 고마워할 것이다!

설교의 도입부를 이전 메시지에 결부시키지 않아야 하는 것처럼, 결론은 다음 메시지에 결부되지 않아야 한다. 당신이 다음 메시지를 전하지 못할 수도 있기 때문이다.

19. 각 사람을 향해 설교하라

집단으로서의 교회는 아무것도 이루지 못한다. 일을 성취하는 것은 교회 안에 있는 각 사람이다. 효과적인 연설은 모두 개인을 향한 것이다. 어린 소녀가 엄마에게 "스펄전 목사님이 **나한테** 말씀하신 건가요?"라고 질문했듯이, 설교를 듣는 모든 사람이 그렇게 질문하게 해야 한다.

이 말은 설교자가 계속해서 "당신"이라는 말을 해야 한다는 뜻이 아니다. 이따금씩 "우리"라든가 "교회"(혹은 "하나님의 백성"이나 "신자들"과 같은 다른 동의어)라고 말하는 것이 잘못된 것은 아니다. 개인—대표적인 필요를 지닌 회중의 대표자—을 염두에 두고 준비한다면, 개인에 초점을 맞추어서 말씀을 전하는 데 별 어려움이 없을 것이다.

20. 전인격을 겨냥하여 설교하라

개별적이고 실제적인 적용 없이 성경의 진리를 설명하는 설교는 신학 강의가 될 뿐이다. 동시에, 교리적인 근거 없이 그리스도인의 의무를 권면하고 촉구하는 설교는 종교적 선동에 불과하다. 마찬가지로, '마음을 따뜻하게' 하는 것만을 목표로 하는 '경건한 설교'도 교리적인 기초나 실제적인 적용이 없으면 오래가지 못한다.

설교자는 마음(경건)과 지성(교리)과 의지(의무)를 겨냥해야 한다. 필립스 브룩스는 이렇게 말했다. "진리의 자녀가 아니고 의무의 부모가 되지 못할 감정은 아무런 가치가 없음을 모든 사람이 분명히 알게 합시다"(앞의 책). 대부분의 바울 서신에서 바울은 교리와 의무 사이에 균형을 잘 맞추었다. 우리도 그의 본을 따라야 한다. 교리—그리스도께서 우리를 위해 하신 일—에 근거하지 않은 의무는 짐이 될 뿐이며, 의무와 연결되지 않은 교리는 공허하고 개인과 무관한 것이 되고 만다.

앎(교리)과 **삶**(의무) 사이에는 **사랑**이라는 가교가 있다. "너희가 나를 사랑하면 나의 계명을 지키리라"(요 14:15). P. T. 포사이스(Forsythe)는 이렇게 말했다. "사람들에게 그리스도를 향해 어떤 감정을 가져야 하는지 설명하지 말고, 그리스도에 관해 설교하십시오. 그러면 그들은 마땅히 느껴야 할 감정을 느낄 것입니다."

바울이 어떻게 교리와 의무를 연관시켰는지 아래 내용을 잘 살펴보라.

의무	교리
베풂	하나님의 은혜(고후 8:1-9)
용서	하나님이 우리를 용서하심(엡 4:32)
참된 것을 말함	우리가 서로 지체가 됨(엡 4:25)
사랑 가운데서 행함	그리스도께서 우리를 사랑하심(엡 5:1, 2)
서로 용납함	그리스도께서 우리를 받아들이심(롬 15:7)
서로 비판하지 않음	그리스도께서 주가 되심(롬 14:1-13)

모든 진리를 그리스도의 인격과 사역에 연관시키는 것이 바로

"그리스도를 전한다"는 의미다. 효과적인 설교는 그 무엇보다 주님을 높이 드러낸다. 그리스도께서는 메시지이실 뿐만 아니라 사람을 움직이는 힘(motive)이시다.

21. 사랑으로 진리를 말하라

사랑은 진리를 효과적이 되게 하는 반면에, 진리는 사랑을 실제적이 되게 한다. 사랑 없는 진리는 그 무자비함 때문에 사람을 파괴할 수 있고, 진리 없는 사랑은 그 불성실함 때문에 사람을 망칠 수 있다. 진리가 없으면, 사랑은 무책임한 감상이 되고 만다. 사랑이 없는 진리는 삶을 변화시킬 능력이 없는 반면에, 진리가 없는 사랑은 삶을 그릇된 방향으로 변화시킨다.

설교자가 진리를 사랑하는 것만으로는 충분하지 않다. 설교자는 자신이 목회하는 사람들까지 사랑해야 한다. "설교는 오래 참고, 설교는 온유하며, 시기하지 아니하며, 설교는 자랑하지 아니하며, 교만하지 아니하며…"

22. 설교에 대한 믿음을 가지라

설교는 하나님이 자신의 진리를 전하기 위해 정하신 방식이다. 이 말은 가르침, 개인적 증거, 그리고 말씀을 나누는 다른 어떤 정당한 수단들을 폄하하는 것이 아니라, 설교의 중요성을 강조하는 것이다. 하나님께는 유일하신 아들이 계셨고, 그분은 설교자였다. "전파하는 자가 없이 어찌 들으리요?"(롬 10:14) 바울은 결코 말씀을 전하는 데 소홀하지 않았다. "만일 복음을 전하지 아니하면 내게 화가 있을 것이로다"(고전 9:16).

말씀은 씨앗이다. 따라서 싹이 트고, 자라고, 열매를 맺는 데까지는 시간이 걸린다. 인내하며 기도하라. 하나님의 말씀은 결코 헛되이 버려지지 않는다. 당신이 추수를 보지 못할 수도 있다. 하지만 누군가는 볼 것이며, 하나님은 영광을 받으실 것이다.

23. 상상력을 동원하라

상상력은 옛 것으로부터 뭔가 새로운 것을 만들어 내는 능력이다. 모든 설교가 성경적이라면, 모든 설교자는 모두 똑같은 것에 대해 말하게 된다. 하지만 그중에서도 어떤 사람은 더 흥미로운 방식으로 말할 것이다.

상상력이 공상과 혼동되어서는 안 된다. 설교자는 영리하거나 멋지게 보이려고 애쓸 게 아니라 독창적이 되려고 애써야 한다. 상상력이 풍부한 설교자는 옛 진리와 현대인의 삶 사이에 연관성이 있다는 것을 깨닫는다. 그는 성경의 핵심(heart)뿐만 아니라 자신의 중심(heart)과 청중의 마음(heart)까지도 간파한다.

창조적인 설교는 삶과 생각으로부터 발전되며, 이 둘을 하나로 묶는 것이 상상력이다. 교리적으로나 설교학적으로 건전할지라도,

상상력이 결여된 설교는 들을 만한 가치가 없을 수도 있다. 미디어 종사자들은 상상력이 풍부한 오락거리를 만드는 데 수백 만 달러를 들이고, 제조업자들도 매력적인 상품과 포장재를 생산하는 데 수백 만 달러를 들인다. 설교자도 자신의 상상력을 개발하고 그것을 설교에 적용하기 위해 대가를 치러야 한다.

24. 긍정적인 메시지를 전하라

사람들은 경고를 받을 필요가 있지만, 그들이 가장 필요로 하는 것은 긍정적인 가르침과 지도다. "이 고속도로는 로스앤젤레스로 연결되지 않습니다"라고 쓰인 고속도로 표지는 별 도움이 되지 않는다. 사람들은 그 도로가 **어디로 가는** 도로인지 알고 싶어 한다.

   십계명 중 일부가 부정적 표현으로 되어 있는 것은 사실이다. 하지만 그것들도 야웨의 첫째 계명인 "나는 너의 하나님 야웨니라!"라는 말씀에 근거해 있다. 때론 부정적인 것도 필요하지만, 그것은 긍정적인 것에 의해 강화되어야 한다. 부정적인 설교는 청중을 낙담케 하며, 진정한 영적 삶을 촉진하지 못한다. 그것은 율법주의에 가까울 수 있다.

25. 현재 시제로 말하라

여부스 족에게 무슨 일이 일어났는지 궁금해서 교회에 다니는 사람은 없다. 과거에 오래 머무는 설교는 결코 진정한 설교일 수 없다. 그것은 성경 이야기나 강의에 불과하다. 우리는 현재를 **살아가며**, 하나님이 **오늘** 우리에게 하시는 말씀을 들어야 한다.

모든 성경은 성령의 감동으로 된 것이기에 유익하다. 이 말은 하나님의 말씀에 오늘을 위한 메시지와 적용이 있다는 의미다. 말씀에 담긴 시대를 초월하는 진리와 원리를 발견하여, 이해할 수 있는 언어로, 회중의 필요에 맞게 적용하는 것이 설교자의 책무다.

한 저자는 디모데후서 3:16이 실제적인 성경적 설교 방법을 가리킨다는 사실에 주목했다. 성경은 무엇이 옳은지에 관한 **교훈**과, 무엇이 그른지에 관한 **책망**과, 어떻게 바로잡을 수 있는지에 관한

교정과, 어떻게 그 삶을 바르게 유지하는지에 관한 **의로 교육함**에 있어서 유익하다.

메시지의 주제는 모세나 다윗이나 바울이 아니라, 우리에게 초점이 맞춰져야 한다. 하나님이 옛 사람들과 믿음의 영웅들에게 행하신 일은 경고(고전 10:1-12)와 격려(롬 15:4)가 되어 오늘날 우리에게도 의미를 지닌다. 이 말에는 구약 성경도 포함된다. 왜냐하면 구약 성경이 예수님과 초대교회가 가진 유일한 성경이었기 때문이다. 사도들은 사역을 하면서 구약 성경으로부터 그 시대에 적절한 메시지를 제시할 수 있었고, 하나님은 그들의 설교에 복을 베푸셨다.

"귀 있는 자는 성령이 교회들에게 하시는 말씀을 들을지어다" (계 2:7, 11, 17, 29; 3:6, 13, 22).

26. 자신의 설교에 만족하지 말라

현재 모습에 만족하는 사람에게 변화된 미래는 없다. 언제나 말씀으로부터 배워야 할 그리고 따라야 할 많은 진리가 있다. 당신은 언제나 설교의 기술과 말씀 전달의 방식에서 발전할 수 있다.

성공은 진보의 큰 적이 될 수 있다. 당신의 설교에 관해 사람들이 말하는 모든 것을 믿지 말라.

모든 기술을 통달했다고 생각해서 설교 준비를 소홀히 한다면, 즉각 멈추고 회개하라.

스펄전은, "저는 이 엄숙한 의무를 행함에 있어서 마음과 영혼이 움직이지 않은 채 단순히 설교하는 기계가 될까 두렵습니다. 단순한 시계태엽 장치가 되지 않기를 바랍니다"라고 말했다.

그렇다면 어떻게 설교를 개선해 나갈 수 있을까?

첫째, 영적인 삶을 배양하라. 일과 삶은 분리될 수 없다. "네 자신에게 주의하고, 교훈에 주의하라"는 것이 젊은 설교자들에게 주는 바울의 권면이었다.

둘째, 설교와 그와 관련된 모든 것을 끊임없이 배우라. 고전들을 다시 읽을 뿐만 아니라 새로 나오는 책들도 접해야 하고, 그 책들로부터 배울 것을 찾아야 한다. 자신과 같은 견해를 지닌 저자들에게만 머물지 말고, 견해를 달리하는 사람들의 책도 읽어라. 그들이 더 많은 것을 가르쳐줄지도 모른다.

셋째, 교인들의 삶 속에 더 깊이 들어가라. 우리는 성경과 자연이라는 책으로부터 배우는 것과 마찬가지로 인류라는 책으로부터도 끊임없이 배운다. 유치원의 어린아이들, 학교의 어린이들, 십대들, 젊은 미혼자들, 신혼부부들, 중년들, 노년 성도들이 모두 당신의 삶과 설교를 풍성하게 만들어줄 것이다. 성령께서 인도하시도록 맡긴다면, 당신을 더욱 인간답게 만드는 그 어떤 것을 통해서라도 당신은 더 나은 설교자가 될 수 있을 것이다.

마지막으로, 하나님의 뜻 가운데서 고난을 견뎌내라. 루터는 기도와 묵상과 고난이 설교자를 만든다고 했다. 가장 어두운 밤에, 별은 가장 밝게 빛난다. 하나님은 암흑 속에서도 우리에게 노래를 들려주신다.

2부
설교의 금기 사항

우리는 해야 할
일들을 하지 않았고,
해서는 안 될
일들은 했습니다.

「공동 기도서」 중 "총 고해"

우리는 모두 설교자가 하지 않았으면 하고 바라는 목록을 가지고 있다.

사실, 우리 자신이 그 목록이 길어지는 데 기여해 왔을 것이다!

여기 제시하는 목록(혹은, 편견)을 옹호하기 위해 다른 책을 인용할 수는

없지만, 설교를 듣는 회중은 우리를 지지할 거라고 생각한다.

그러므로 이제 설교자들이 행해서는 안 될

몇 가지 죄를 살펴보기로 하자.

1. 긴 서론으로 시간 낭비하기

설교자는 구조 요청을 받은 후 모든 것을 제쳐두고 구하러 달려가는 사람과 같다. 그는 한 가지 일에 전념하여 완전히 헌신한다. 그런데 설교를 시작하기도 전에 5-10분 정도를 허비한다면, 그런 설교자는 물에 빠진 사람을 구하러 바다에 뛰어들기 전에 잠시 멈추어 미술관을 방문하는 사람과 같다.

서론은 청중의 흥미를 불러일으키고 메시지가 유익할 거라는 확신을 심어줘야 한다. 그런데 서론이 길어지면 청중은 쉽게 무관심해지고, "목사님, 제발 설교를 시작하세요! 도대체 무슨 말을 하시려는 겁니까?"라고 외치고 싶은 마음을 여러 번 억제하게 된다.

서론에서 시간을 빼앗는 주된 요인들은 다음과 같다.

날씨, 회중, 음악, 특별 손님, 심지어 광고에 관한 **일반적인 언급**.

만약 이런 쓸데없는 일들을 해야 한다면, 설교하러 강단에 오르기 전에 하라. 하지만 그렇게 할지라도 예배 초반에 허비하는 모든 시간이 설교 시간을 빼앗는다는 점은 명심하라.

설교 자체에 관한 설명. 어떤 설교자들은 사람들이 설교에 **관해서** 듣고 싶어 하는 것이 아니라 설교 자체를 듣고 싶어 한다는 사실을 모르는 것 같다.

농담. 설교에 유머가 필요할 수는 있지만, 아무 상관없는 유머로 설교를 시작하는 것은 결코 바람직하지 않다. 어째서 일부 설교자들이 본문을 읽거나 메시지를 전하기에 앞서 농담을 해야 한다고 생각하는지 이해할 수가 없다. 적대감을 가진 청중이 있거나 긴장감이 감돌 때는 약간의 유머가 분위기를 바꾸는 데 도움을 줄 수 있을지 모르지만, 그런 경우는 분명 예외에 속한다. 오순절에 베드로가 설교하기 전에 농담을 하거나, 바울이 아테네의 마르스 언덕에서 철학자들의 흥을 돋우는 것을 상상할 수 있는가?

지난 주 설교에 관한 언급(1부 18장을 보라). 마음이 상하고 문제투성이인 삶을 사는 사람이 앉아 있다. 그는 하나님의 말씀으로부터 도움을 얻으려는 기대를 가지고 교회에 왔다. 찬양대가 찬양을 했고, 그 노래로 인해 이 사람은 메시지를 받아들일 준비가 되었다. 설교자가 입을 열어 이렇게 말한다. "자, 지난주 아니 두 주 전엔가 이 장의 처음 여섯 절에 관해 설교했던 것을 기억하실 겁니다." 우리의 불쌍한 방문자는 즉각 이렇게 말한다. "아, 지난주에 왔어야 해.…하지만 아직 희망이 있을지도 몰라." 설교자가 본론에 들어가는 대신 지난 3주간의 설교를 요약하려 하자, 우리의 친구는 귀를 닫고 만다.

교회에 오는 사람들은 대부분 하나님의 말씀을 듣고 싶어 하기 때문에, 그들의 주의를 끌기 위해 굳이 많은 시간을 들일 필요가 없다. 흐름을 끊지 않고도, 주제를 제시하는 문장을 통해 설교자는 메시지의 의도를 진술할 수 있다.

여기에 몇 가지 효과적인 도입문의 예가 있다.

"그분은 하늘로 올라가셨습니다." 정말 그런가요? 하늘이 어디입니까? 무엇입니까? 어떤 장소입니까? 하늘이 어떤 곳인지, 어디에 있는지 알 수 있습니까?

_G. A. 스터더트 케네디(Studdert-Kennedy)

성탄 주일 아침에 우리는 또 다시 그리스도의 탄생을 축하하기 위해 교회에 왔습니다. 그런데 어떤 그리스도를 말하는 겁니까? 요즘 책과 잡지에서 거론되는 것을 읽고 있는 사람이라면 누구나 사람들의 생각

속에 두 명의 그리스도, 즉 역사의 그리스도와 체험의 그리스도가 있다는 사실을 알 수 있을 겁니다.

_해리 에머슨 포스딕(Harry Emerson Fosdick)

누구든지 노래할 수 있다는 것은 일반적인 관념입니다. 그런데 여러분은 왜 노래할 수 있습니까? 왜냐고? 노래를 배웠기 때문이겠지. 그러나 그것은 착각입니다. 여러분은 기계적으로, 정확하게, 적절하게, 바른 곡조로 노래할 수 있습니다. 하지만 정말로 노래를 부를 줄 아는 것은 아닙니다.

_조셉 파커(Joseph Parker), 이사야 50:4에 관한 설교에서

저는 영어에서 '복음'이란 말처럼 사람들이 제대로 이해하지 못하는 단어도 없다고 생각합니다.

_D. L. 무디

죽음에는 이중적 장엄함이 있습니다. 그것은 생을 마감하는 장엄함인 동시에 영생을 시작하는 장엄함입니다.

_프레드릭 로버트슨(Frederick W. Robertson)

2. 추측에 근거해 설교하기

바라바가 십자가가 있는 곳에 와서 직접 보고 감동이 되어 회심했다는 감동적인 성찬식 설교를 들은 적이 있다. 이 설교는 속죄에 관한 한 이론인 "도덕감화설"(moral influence theory)과 밀접하다는 사실을 차치하더라도, 성경적 근거가 없다는 또 다른 문제가 있다. 바라바가 분명히 구원을 받았다면, 성경이나 교회사에 뭔가 언급되었을 것이다.

사람들은 설교자가 상상하는 바를 들으려고 교회에 오는 것이 아니라, 하나님이 성경을 통해 말씀하신 것을 들으려고 온다. 성경에는 추측이나 가정에 근거해서 설교하는 것이 신성모독에 가까운 일이라는 놀라운 신적 증거들이 많이 있다.

"꿈을 꾼 선지자는 꿈을 말할 것이요, 내 말을 받은 자는 성실함으로 내 말을 말할 것이라. 겨가 어찌 알곡과 같겠느냐"(렘 23:28).

3. 초라한 언어와 잘못된 문법 사용

말은 설교자의 유일한 도구다. 따라서 설교자는 말을 사용하는 데 숙달되어야 한다. 그런데 우리는 말을 잘 배웠으리라고 추정되는 설교자들이 이런 말을 하는 것을 듣는다. "하나님이 여러분과 저를(I: 목적격을 사용해야 하는데 주격을 사용한 예-역주) 위해 이 일을 하셨습니다." 혹은 "그것이 그녀(she: 목적격을 사용해야 하는데 주격을 사용한 예-역주)와 저에게 얼마나 큰 축복인지요." 우리는 요즘 많은 사람이 이렇게 말한다는 것을 안다. 그렇다고 해서 잘못이 정당해지는 것은 아니다. "다수를 따라" 악을 행하지 말라(출 23:2).

속어나 은어는, 인용을 하거나 다른 방법으로는 예증할 수 없는 어떤 요점을 이야기할 때를 제외하고는, 설교단에서 절대 사용하지 말라. 상투적 표현에 대해서도 한마디 해야겠다. 복음적인 것이건 아니건 간에 진부한 표현은 **삼가라.** 상투적인 표현은 의사소통에 있어서 "잔돈"과 같다. 아무리 많아도 설교를 부요하게 만들지 못한다. 특히 사고형 사람들에게는 더욱 그렇다. 좋은 설교란 좋은 글과 같아서, 분명하고 또렷하며, 깔끔하고 이해하기 쉽다.

모든 설교자는 언어와 좋은 글쓰기에 관한 책들을 읽어야 한다. 여기에 참고할 몇 가지를 소개한다.

윌리엄 진서(William Zinsser), 「글쓰기 생각쓰기」(*On Writing Well*, 돌베개)

루돌프 플레쉬(Rudolf Flesch), 「단순한 대화법」(*The Art of Plain Talk*)

에드윈 뉴먼(Edwin Newman), 「정확히 말하기」(*Strictly Speaking*), 「공손한 말」(*A Civil Tongue*)

윌리엄 사파이어(William Safire), 「언어에 관하여」(*On Language*), 「무엇이 좋은 표현인가?」(*What's the Good Word*)

제임스 킬패트릭(James Kilpatrick), 「작가의 기술」(*The Writer's Art*)

4. 강대상 뒤에 숨기

교인의 가정과 어떤 문제가 있다면, 마태복음 18:15-17에 순종해 개인적으로 그 문제를 해결하라. 그리고 제발 개인적인 불만을 강대상으로 가져가서 설교 중에 거론하지 말라. 당신이 받는 사례비에 관한 불만도 여기에 포함된다. 어째서 자신의 감정을 표출함으로써 전체 회중에게서 말씀의 축복을 빼앗고, 성직이라는 은신처에 숨어서 자기 원수를 공격하는가? 부끄럽지도 않은가!

5. 안다고 생각하는 모든 것을 설교하기

초보 설교자가 경험 많은 설교자보다 이런 실수를 많이 한다. 신학교를 갓 졸업한 초보 설교자는 자신의 수업 노트를 너무나 신뢰한 나머지 그것을 모두 설교 개요로 바꾸려 하고, 회중은 '로고스'(*logos*, 말씀), '휘포스타틱 유니온'(*hypostatic union*, 본체적 연합), '파루시아'(*parousia*, 재림) 등의 전문 용어들과 맞닥뜨려야 한다. 신학교 근처에 위치한 우리가 아는 어떤 교회는 신입생 전도사가 첫 설교로 무엇을 전할지 항상 알고 있었다. 그것은 요한복음 1장의 로고스 교리다. 왜 그럴까? 그것이 바로 해마다 헬라어 수업 첫 시간에 듣는 내용 중 하나이기 때문이다.

신학교 노트와 설교의 관계는 음식 포장지에 적힌 영양분 목록과 그 포장지 안에 있는 음식의 관계와 같다. 하지만 사람들은 음식에 관한 분석이 아니라 음식을 필요로 한다. 이 법칙은 설교에도 적용된다. 성경 전체를 다루면서도 회중이 지엽적인 내용에 빠져 헤매지 않도록 하려면 숙련된 설교자가 필요하다. 신약 성경 개론 노트는 절대 설교 노트가 아니다.

먼저 가지고 있는 자료들을 잘 소화하라. 그런 다음 사람들의 필요를 채울 수 있는 메시지를 준비해서 예수 그리스도께 영광을 돌리라.

6. 부적절한 예화 사용

예화의 목적은 청중에게 진리를 더 명확하게 전달하거나 그들의 마음에 잘 스며들게 해서, 그들이 의지적으로 반응하도록 하려는 것이다. 단지 '효과를 높이거나' '웃기기 위해' 예화를 사용하는 것은 용서할 수 없는 일이다.

관련 있는 예화를 사용하고, 단지 개요를 완성하기 위한 예화는 사용하지 말라.

정확한 예화를 사용하라. 출처를 확인하고 사실을 검증하라.

회중에게 민감하게 반응하라. 최근에 자살로 인해 사랑하는 사람을 잃은 이가 있다면, 단지 어떤 논지를 입증하기 위해 '자살 이야기'를 사용하는 것은 삼가라. 그러한 예화의 사용은 치료가 절실히 필요한 사람의 상처를 깊게 만들 뿐이다.

아무리 좋은 이야기가 있더라도, 설교가 예화에 근거해서는 안 된다. 설교는 말씀에 근거해야 한다.

결코, 무슨 일이 있어도, 다른 사람의 이야기를 자신의 이야기인 것처럼 말하지 말라. 그것은 부정직한 것이며, 또한 당혹스러운 것이 될 수도 있다. 듣는 사람 가운데 누군가 그 이야기의 진실을 알 수도 있으니 말이다.

예화집을 멀리하라. 그 속의 이야기들은 오래되었고, 어떤 것은 부정확하며, 다른 설교자들이 사용하고 있을 수도 있다. 명예롭게 운명을 달리해야 할 진부한 예화들이 수없이 많은데도 불구하고, 그것들이 끊임없이 책과 설교에 등장한다. 그런 예화들이 설교에 등장하지 않도록 하라. 독창성을 견지하기 위해 애쓰라.

7. 어려운 말로 청중 제압하기

설교자에 대한 인상을 남기기 위해 설교하지 말고, 진리를 전하기 위해 설교하라. 잘 이해되도록 설교하라. 표적 옆에 총을 쏘는 사람은 탄약이 많음을 입증하는 것이 아니라 총을 쏠 줄 모른다는 사실을 입증할 뿐이다.

신학 용어를 사용해야 할 때는, 그 용어를 충분히 설명하고 예증하라. 하지만 교인들이 이해하지 못하는 단어나 어구를 막연히 사용하는 일은 피하라. 그것은 그들로 하여금 더 이상 귀를 기울이지 않도록 독려할 뿐이다. 한 교인이 이런 말을 한 적이 있다. "위대한 설교였습니다. 제가 한 마디도 못 알아들었거든요!" 깊은 인상을 받았을지는 모르지만, 전혀 도움이 되지 않은 것이다. 시간낭비였을 뿐이다.

자신의 학식을 뽐내려는 유혹을 피하라. 위대한 교사나 설교자는 이해하기 쉽게 말한다. 이것은 특히 히브리어나 헬라어 인용에도 적용된다. 문법 강연을 하지 말고, 회중들이 '동족어'(同族語)의 홍수에 빠져 헤매지 않게 하라. 한 목회자는 '파라칼레오'(*parakaleō*, 위로하다, 간청하다)라는 헬라어의 의미에 근거해 장례 설교를 하면서 그 단어를 반복해서 사용했다. 조문객들은 감명도 위로도 받지 못했다.

헬라어나 히브리어, 전문 용어를 소개할 때는 상상력을 발휘하라. "바울의 회중 가운데 군인들은 이 말을 알아챘을 겁니다." 또는 "이 편지를 받은 에베소 교인들은 바울이 적은 이 말의 어감을 알았을 겁니다." 헬라어와 히브리어로 된 대부분의 신학 용어는 아름다운 '그림 언어'다. 설교자의 자존심을 세울 뿐 설교의 효과는 무산시키는 전문 지식 나열에 의해 그 그림이 지워져서는 안 된다.

8. 전달 방식에 주의를 기울이지 않음

어떻게 메시지를 전달하느냐는 중요하다. 심장을 꿰뚫는 화살촉이 메시지의 내용이라면, 화살의 깃은 메시지가 목표에 도달하게 하는 전달 방식이다. 설교자는 '내용을 전달하는' 방법을 잘 아는 유능한 대중 연설가나 배우들로부터 많은 것을 배울 수 있다.

다른 은유로 말하자면, 설교가 음식이라고 했을 때, 설교자의 전달 방식은 청중이 '먹고 싶은' 마음이 들도록 그 음식을 제공하는 방법이라고 말할 수 있다.

평상시에 대화하거나 소통하는 방식과 다른, '설교 스타일'을 취하지 말라. 다른 설교자를 모방하지 말고, 자신의 최선의 모습을 보여 주라.

사람들을 향해 설교하라. 그들을 바라보라. 뒷벽이나 천장을 향해 메시지를 전하지 말고, 회중을 향해 설교하라.

설교는 공연이 아니고, 강대상은 무대가 아니며, 회중도 관객이 아니다. 설교자는 메시지의 일부이므로 강대상 안에서나 밖에서나 한결같아야 한다.

좋은 전달 방식은 그 자체에 주의를 집중시키지 않는다. 지혜롭게 사용될 때, 그것은 말씀의 진리를 사람들의 마음속에 전달하는 도구일 뿐이다.

몇 년이 걸릴 수도 있지만, 자신에게 가장 적합한 설교 스타일을 발견하고 개발하도록 노력하고, 그 스타일을 고수해 나가라. 개선의 여지는 늘 있기 마련이니, 늘 주의를 기울이라.

# 9. 모호하고 일반적인 결론

오순절에 베드로가 "형제들아 우리가 어찌할꼬?"(행 2:37)라고 외치는 사람들을 향해 요즘 설교자처럼 변증적으로 설교했다면 이렇게 말했을지도 모른다.

"글쎄요, 제 설교의 요지를 다시 정리해서 말씀드리지요…그러니까 여러분의 죄를 심각하게 다룰 필요가 있습니다.…그러니까 주님이 무엇을 말씀하시든지 그것을 행하시기 바랍니다." 그러나 베드로는 설교를 시작하기 전부터 자신이 하고자 하는 말의 목표를 분명히 알고 있었다! 그는 자신의 사명을 잘 알았고, 그래서 확실한 결론을 내릴 수 있었다.

엄밀히 말해서 설교의 결론은 미리 준비되어 있어야 한다. 성경 본문을 연구하고 메시지를 준비하는 동안 당신이 무엇을 달성하려

2부 설교의 금기 사항

하는지 분명히 기억하고 있어야 한다. 설교를 하는 이유는 어떤 주제를 설명하려는 것이 아니라 하나의 목적을 이루려는 것임을 반드시 기억하라.

결론 부분에서 다음과 같이 말하는 설교자는 분명 설교를 제대로 준비하지 않은 것이다.

> 오늘 말씀을 생각하며 나눈 이 몇 가지 이야기에 주께서 복을 주시고, 우리 모두 성령께서 교회에 하시는 말씀에 복종하게 되기를 바랍니다.

> 자, 마칠 시간이 되었으니 이만큼 하고 기도합시다.

> 축도하고 돌아가기 전에 다시 한 번 요지를 정리해 봅시다.

> 아, 드려야 할 말씀이 너무 많지만 이 정도로 마치겠습니다! 그래도 이 진리가 여러분에 마음속에 축복이 되실 줄로 믿습니다.

세일즈맨이 이렇게 불분명한 말로 제품 소개를 마쳤다고 상상할 수 있겠는가? 만약 그랬다면, 그는 아무 것도 팔지 못할 뿐 아니라 해고되고 말 것이다.

당신이 준비한 메시지가 당신의 마음을 움직였다면(반드시 그래야겠지만), 청중의 마음과 삶에도 잘 적용할 수 있을 것이다. 구체적으로 설교하라. 결단을 촉구하라. 말씀에 반응하도록 촉구하라. 그렇게 한다면, 당장은 아닐지라도 결국엔 사람들의 반응을 보게 될 것이다.

설교 주제문이 올바르게 작성되었다면, 하나님이 성도들의 삶 속에서 무엇을 행하시기를 바라는지가 분명할 것이다. 모호한 주제문은 모호한 결론을 낳고, 결국 모호한 축복을 낳는다.

10. 성경 이곳저곳을 급히 뛰어다니기

어떤 요지를 강조하기 위해 여러 구절을 인용하는 데는 잘못이 없다. 다만, 청중이 듣고 인용한 부분을 확인할 시간은 주라. 모든 사람이 관련 구절을 일일이 찾아보진 않겠지만, 다른 구절을 제시하기 전에 청중이 인용문을 잘 듣고 생각할 여유는 있어야 한다.

설교를 듣는 사람들은 대부분 성경 읽기나 성경 공부에 많은 시간을 할애하지 못한다. 불행히도 어떤 사람은 다음 주일까지 한 번도 성경을 집지 않는다. 초신자들은 본문을 찾느라 진땀을 흘린다. 메시지를 전할 때 언급하는 구절들이 정말로 중요한 것이라면 적어도 사람들에게 그것을 찾아볼 여유를 주어야 한다. 아니면 차라리 나중에 여유롭게 읽어볼 수 있도록 그 구절들을 주보에 기록해 주는 편이 낫다.

11. 끊임없이 번역본 변경하기

성경 번역의 홍수 시대가 끝났다고 생각했지만, 실제로는 더 범람하는 것 같다. 게다가 새로운 번역본마다 스터디 바이블이 따라 나온다. 그 결과, 아마도 지역 교회의 구성원들은 획일적인 교재 없이 학교에 다닐 수 있는 유일한 부류일 것이다.

각자 자신에게 가장 잘 맞고, 마음에 와 닿아서, 계속 지니고 읽을 번역본을 찾아야 한다. 새로운 번역본을 읽는다고 해서 영적 성장이 보장되는 것은 아니다. 그래서 지역 교회마다, 교인들이 개인적으로 어떤 것을 사용하든지, 한 종류의 '비치용 성경'을 정해 놓고 사용하는 것이 좋다. 자신이 가지고 있는 성경이 강대상에서 사용되는 것과 다르다면, 청중은 혼동되고 소외감을 느낄 것이다.

어떤 주일에는 흠정역을 사용하고, 그 다음 주일에는 개정표준

역(RSV)을 사용하고, 또 그 다음 주일에는 현대에 맞게 의역한 번역본을 사용해서 말씀을 전하는 설교자가 있다면, 자신의 서재를 잘 활용하는 것일지는 몰라도 기회는 잘 활용하지 못하는 것이다. 한 가지 번역본을 선택해서 사용하라.

12. 교인들의 비밀 공개하기

죽어가면서 목사에게, "이제 제 이야기를 설교 예화로 사용하시겠네요!"라고 말한 스코틀랜드의 어떤 부인은 목회자의 약점을 잘 알고 있었다. 어떤 이유에서인지, 우리는 사적인 비밀로 남겨야 할 것들을 공개하길 좋아한다.

한 무모한 목사가 이렇게 광고했다. "바로 지난주에 성도님들 가운데 한 분이 자기 부인에게 신실하지 못한 일을 저지른 적이 있다고 고백했습니다." 그 결과는? 모든 여자가 자기 남편을 의심하기 시작했고, 모든 남편이 그 목사를 경멸했으며, 결국 모든 회중이 그 목사에게 개인적인 상담 요청을 절대 하지 않기로 결심했다.

조심스럽게 사용한다면, 교인들과 멀리 떨어진 곳에서 설교할 때, 설교자가 자신이 경험한 것을 건설적으로 활용할 수 있을 것이다. 하지만 다른 곳에 교인들의 친구나 친척이 있을 수 있다는 사실을 기억하라. 교인들의 신뢰를 원한다면, 목사는 자신의 상담 내용을 공개하지 않아야 한다. 그리고 자신이 아는 다른 목사들의 경험도 이용하지 않아야 한다. 소문은 빨리 퍼지기 마련이고, 가벼운 입은 공동체를 파괴하고, 목회도 무너뜨린다.

자신이 목회하는 선한 사람들로부터 신뢰를 받을 수 있다는 것은 큰 복이다. 한 엄마가 소아과 의사에게 "어떻게 제 아이로부터 계속 신뢰를 얻을 수 있을까요?"라고 질문하자, 그 의사는 현명하게 "얻은 신뢰를 절대 잃어버리지 않도록 하세요"라고 대답했다. 교인들은 자신의 목사를 신뢰하고 싶어 한다. 교인들이 믿을 수 있다고 생각할 만한 이유를 제공하라.

13. 유머의 남용

유머감각을 지닌 설교자라면, 그것을 주님께 바쳐서 성령의 인도를 받는 것이 좋다. 유머는 가지고 노는 장난감이 될 수도 있고, 건설하는 도구가 될 수도 있고, 위험한 무기가 될 수도 있다.

설교자는 전인격적으로 설교단에 서야 하기 때문에 하나님이 주신 인격의 일부를 떼어 놓을 수 없다. 찰스 스펄전은 설교단에서 유머를 사용한 것 때문에 비판을 받은 적이 있었는데, 그의 유일한 답변은 자신이 유머 사용을 얼마나 많이 자제하고 있는지를 비판하는 사람들이 알아야 한다는 것이었다. 그것을 알았다면, 그들은 그를 더 칭송했을 것이다!

설교는 심각한 행위다. 그러므로 설교자가 수치를 무릅쓰고 코미디언이 되어서는 안 된다. 특히, 영원한 것에 관해서는 절대 농담을 하면 안 된다. 죽음과 장례에 관해 천박한 농담을 하는 경솔한 설교자들로부터 얼마나 많은 유족이 깊은 상처를 받고 있는지 모른다. 설교단에서 위트와 가벼운 유머는 허용되지만, 필립스 브룩스가 "목사들의 광대짓"이라고 부른 코미디는 결코 허용되지 않는다.

유머는 목적을 위한 수단이 되어야 한다. 그것은 음식의 맛을 돋우는 양념이고, 약이 잘 넘어가게 하는 설탕이다. 번뜩이는 위트는 긴장을 풀게 하고 저항을 극복하게 한다. 그것은 졸고 있는 회중의 주의를 다시 집중시킬 수 있고, 성령의 검으로 최후의 일격을 가하기 위한 길을 예비할 수 있다. 유머는 화살촉이 아니라 화살이 과녁에 명중하도록 돕는 화살 깃이다.

자신에게 자연스럽지 못한 유머는 잊어버리는 게 낫다. 우리는 유머감각이 없는 설교자들이 웃겨야 한다는 생각 때문에 메시지를 망치고, 난처한 상황을 유발하는 경우를 봤다. **최상의** 자신이 되도록 노력하라.

스펄전은 이런 말을 했다. "사람들이 하나님의 집에서 잠드는 것을 보느니 차라리 그들이 웃는 것을 보겠다. 내가 진리를 소홀히 다루거나 진리가 무시당하거나 사람들이 메시지를 받지 못해서 멸망하도록 내버려 두느니 차라리 조롱 섞인 농담이라도 해서 진리가 그들 속에 스며들게 하겠다."

    설교단에서, 유머는 건설하는 도구가 되거나 싸우는 무기가 되어야지, 결코 가지고 노는 장난감이 되어서는 안 된다. 우리에게는 죽은 자들을 살릴 30분의 시간이 주어져 있다. 하지만 장난감을 가지고 놀 여유는 없다.

14. 자신에 관해 설교하기

하나님이 인간의 인격을 통해 진리를 전달하시기 때문에, 설교자는 분명 메시지의 일부다. 그렇지만 설교자가 메시지의 주제가 되어서는 안 된다. 자신이나 하나님에 관한 자신의 경험에 대해 말할 때는, 사람들을 섬기며 구세주를 높이기 위해 그 일을 해야 한다.

"우리는 우리를 전파하는 것이 아니라 오직 그리스도 예수의 주 되신 것과 또 예수를 위하여 우리가 너희의 종 된 것을 전파함이라"(고후 4:5).

글을 쓸 때나 설교를 할 때나, 바울은 자신에 관해 말하고 개인적인 감정이나 경험을 나누었다. 그러나 그것은 항상 예수 그리스도를 높이고 자신의 삶 속에 행하신 그분의 은혜를 예증하기 위함이었다. 이것이 우리가 따라야 할 좋은 모범이다.

어떤 설교자들은 자신의 이야기를 너무 많이 해서 설교를 통해 그들의 생애를 재구성할 수 있을 정도다. 또 다른 설교자들은 지나치게 은밀해서 자신의 개인적인 경험을 다른 누군가의 일화로 소개한다. 두 극단 모두 피해야 한다. 물론 회중은 그리스도를 보고 싶어 한다. 하지만 그들은, 때때로 실수할지라도, 실제 인물의 목회를 통해 그분을 보고 싶어 한다.

맺는말. 잘 되어 가나요?

보라, 어떤 요리사가 솜씨를 발휘하기 시작했다. 그리고 그가 요리하자, 온 집안 식구가 영양을 섭취하고 만족스러워했다. 일이 잘되자, 그는 큰길과 산울타리로 나가서 배고프고 굶주린 사람들을 데려왔다. 그래서 집안이 가득 찼다.

그런데 어느 날 그 요리사가 요리책을 한 권 발견했다. 그 요리책에는 조리법과 식단표가 있었고, 다양한 음식의 영양분을 분석한 도표들도 있었다. 또한 군침이 돌게 하는 음식들의 아름다운 사진도 있었다.

"이제 이 훌륭한 책을 연구해 봐야겠어." 요리사가 말했다. "이 책은 굉장한 가치가 있을 거야. 이 세상에서 가장 위대한 세 명의 요리사를 배출한 요리 학교에서 출판한 책이거든."

그래서 그는 가족들에게 식은 밥만 먹이면서 날마다 그 책을 연구했다. 그는 식단표, 도표, 사진들에 너무 심취해서 가족들과 그 느낌을 나누고 싶어 했다.

"이 책을 여럿이 같이 보기에는 우리 가족의 수가 너무 많아"라고 그는 혼잣말을 했다. "어떻게 하면 좋을까? 뭘 해야 할지 이제 알 것 같다! 프로젝터를 구입해서 모든 사람이 이 요리책에 들어 있는 풍부한 내용들을 잘 활용하도록 해야겠다."

그는 프로젝터를 구입해서 식사 때마다 어디서 유래한 음식인지, 어떤 영양분이 담겨 있고 어떻게 준비해야 하는지 설명하기 시작했다. 그의 가족들은 도표와 사진에 온통 마음을 빼앗겼다. 머지 않아 그들은 숟가락과 젓가락 대신 공책과 연필을 식탁에 가져오기 시작했다. 그러나 만들어 둔 음식이 다 사라질 때까지도 요리사는 새로운 음식을 전혀 준비하지 않았다. 가족들은 새로운 식단이나 영양분을 분석한 도표에 관해 토의만 할 뿐 아무것도 하지 않은 채 시간을 보냈다.

그러자 온 식구가 쇠약해지고 마르기 시작했다. 게다가, 요리사마저 몸무게가 줄어서 더 이상 프로젝터를 주방에 들고 나올 수가 없었다. "전에 만들던 음식을 직접 만들어야겠어!" 그는 다짐했다. 그리고 그것을 실천했다. 음식 향기가 온 집안에 풍기자 가족들이 예전처럼 식탁에 모였다. 하지만 이제는 수저를 들고 왔다. 곧 예전의 모습이 돌아왔고, 그들은 식사를 하고 영양을 섭취했다. 요리사는 가족들의 체중이 늘고 기운이 솟는 것을 보자 매우 기뻤다.

그래서 그는 이렇게 다짐했다. "맞아, 이것이 좋은 책일지는 몰라도 좋은 음식을 대신하지는 못해. 우리 가족은 식단표와 조리법과 사진과 화학 분석표만 갖고는 살 수 없어. 이제 주방으로 가서 우리 가족을 먹일 음식들을 준비하면서 시간을 보내야 겠어."

그리고 그는 그것을 실천했다. 그 요리책은 책장에 꽂혀 먼지만 쌓여 갔다. 그러나 서점에서는 불티나게 팔리고 있었다.

역자 후기

「설교의 정석」은 설교자가 평생 지니고 참고해야 할 간결한 지침서로, 한국의 설교자들에게 신선한 충격을 줄 것이다. 설교자로서, 또 학생들에게 성경과 신학을 가르친 교수로서의 오랜 경험에서 우러나온 저자의 지혜는, 폐부를 찌르는 듯한 주옥같은 경구들로 독자들을 찾아온다.

그는 설교자가 제멋대로 설교의 개요를 전개하면서 성경 본문에 덧씌우는 행위를 용서받을 수 없는 죄악이라고 말했고(p. 26), 설교의 목적이 인간의 필요를 채우는 것이라면, 강단을 이용해서 자신의 설교 기술이나 웅변술을 과시하는 자는 뻔뻔한 도둑에 불과하다는 경고를 서슴지 않았다(p. 41). 이 외에도 이 책에는 위어스비의 주옥과 같은 명언들이 가득 담겨 있다.

"사랑은 진리를 효과적이 되게 하는 반면에, 진리는 사랑을 실제적이 되게 한다. 사랑으로 진리를 말하라"(p. 58)는 구절은 소중하고 아름다운 수많은 표현 가운데서도 설교자들이 꼭 암송해야 할 구절이다.

본문의 내용은 길지 않지만 잠언과 같은 경구들이 주옥처럼 알알이 꿰여 있기 때문에, 번역에 신중을 기할 수밖에 없었다.

이 책의 번역 출간 제의에 선뜻 응해 주신 IVP 노종문 편집장님과 한국어 번역을 허락해 주신 틴데일 출판사에 깊이 감사드린다.

스트렁크와 화이트의 영작문 고전 「영어 글쓰기의 기본」처럼, 이 책도 설교의 고전으로 자리매김하기를 기대해 본다.

옮긴이 남병훈은 장로회신학대학교(Th.B.)와 연세대학교(Th.M.)에서 공부하고, 인천순복음교회에서 10년간 교육연구소장으로 일하면서 교회 관련 책들을 다수 발간했다. 현재 성산효대학원대학교에서 후학을 양성하며 신학의 대중화를 꿈꾸고 있다. 옮긴 책으로는 「종과 구세주로 오신 예수-마가복음 강해설교 시리즈 I, II」(성산서원)가 있다.

설교의 정석

초판 발행_ 2012년 1월 27일
초판 4쇄_ 2024년 1월 30일

지은이_ 워렌 위어스비·데이비드 위어스비
옮긴이_ 남병훈
펴낸이_ 정모세

펴낸곳_ 한국기독학생회출판부
등록번호_ 제2001-000198호(1978.6.1)
주소_ 04031 서울시 마포구 동교로 156-10
대표 전화_ (02)337-2257 팩스_ (02)337-2258
영업 전화_ (02)338-2282 팩스_ 080-915-1515
홈페이지_ http://www.ivp.co.kr 이메일_ ivp@ivp.co.kr
ISBN 978-89-328-1263-2

ⓒ 한국기독학생회출판부 2012

책값은 뒤표지에 있습니다.
무단 전재와 복제를 금합니다.